이런 직업 어때?

야외 활동이 좋다면 이런 직업!

글 캐런 브라운 | 그림 로베르토 블레파리 | 옮김 엄혜숙

차 례

야외 활동을 좋아하는 친구들에게 4

 해양생물학자 6

 여행 작가 8

 지질학자 10

 고생물학자 11

 조경사 12

 화훼 농원 관리자 13

 자연보호구역 경찰관 14

 삼림 감독관 16

 소방관 17

 캠핑장 관리자 18

 건설 관리자 20

 스키 강사 22

생태학자 24

레포츠 가이드 26

농부 28

국립공원 경비원 30

수상인명구조요원 32

서핑 강사 33

수색 구조 조정관 34

선박 기관사 36

요트 강사 37

토목 기사 38

식물학자 40

측량사 42

외선전기공 43

내게 가장 어울리는 직업은? 44

또 다른 직업을 알고 싶나요? 46

야외 활동을 좋아하는 친구들에게

야외에서 일하는 직업을 가지려면 어떤 자질과 능력이 필요할까요?

> 야외에서 일하는 직업은 아주 많은데요, 어떤 직업은 여러분에게 생소하게 느껴질 수도 있어요.

야외에서 활동하는 것을 좋아하나요? 자연에 관심이 많고 자연과 함께하는 것이 좋나요? 그렇다면 여러분은 사무실이 아니라 야외에서 일하는 직업을 찾을 수 있어요.

과학, 환경, 건설, 농업, 교육 분야 등 밖에서 일하는 직업을 갖고 싶은 사람들에게는 많은 기회가 있어요.

다만 직업마다 다른 능력과 지식을 갖추어야 해요. 예를 들면, 측량사는 토지 측량과 관련된 지식을 잘 알고, 숫자와 친하고 꼼꼼해야 해요. 지질학자와 해양생물학자는 과학을 탐구하는 데 열정이 있어야 해요. 여행 작가는 글쓰기를 좋아해야 하고요. 스키 강사는 인내심을 갖고 학생들을 가르칠 수 있어야 해요.

야외에서 일하는 사람들이 모두 가져야 할 마음가짐도 있어요. 일에 대한 적극적인 자세, 모험심 그리고 자연을 소중히 하는 마음이에요. 자연을 아끼고 보살피는 일은 중요해요.

팀워크와 체력 단련도 야외에서 일하는 많은 직업들에서 중요하게 생각하는 부분이에요. 수상인명구조요원들은 서로를 믿고 협동해야 해요. 외선전기공들은 높은 곳에 올라가서 일하기 때문에 강한 체력이 필요해요. 소방관은 위험한 상황에서 불을 끄고 사람들을 구해야 해서 용기가 있어야 해요.

그리고 어떤 직업을 갖더라도
야외에서 일한다면 항상 날씨를 확인하고 대비해야 해요.
야외에서는 언제든 예상치 못한 일이 생길 수 있기 때문에
자신과 다른 사람의 안전, 자연의 안전을
중요하게 생각해야 해요.

이 모든 이야기가 흥미롭게 들린다면 여러분은 야외에서 일하는 게 어울리는 사람일 거예요!

이 책은 야외에서 일하는 스물다섯 가지 직업을 보여 주는데요.
각기 다른 직업을 가진 사람들이 어떤 일을 하며 하루를 보내는지
알 수 있어요. 직업마다 필요한 능력과 지식이 무엇이고,
그 직업을 가지려면 어떤 준비를 해야 하는지도 알 수 있지요.
직업에 대해 잘 알지 못했던 재미있는 이야기도 발견할 수 있답니다.
예를 들면, 서핑 강사가 일하면서
가장 곤란해하는 점(힌트: 모래와 관련 있음) 같은 것들 말이죠.

모든 직업을 다 살펴봤다면
44쪽으로 가서 어떤 직업이
여러분에게 가장 잘 어울릴지
알아보세요. 다른 직업을 더 알고
싶다면 46쪽으로!

해양생물학자

어렸을 때 해양 생물에 관한 다큐멘터리를 보고 해양 생물의 매력에 푹 빠졌어요. 학교에서 과학과 수학을 열심히 공부했고, 대학에 가서는 해양 과학을 공부했어요. 지금은 해양생물학자로 남극해에서 연구를 진행하고 있어요.

1
오늘 아침, 선실에서 잠을 자다가 파도 소리에 깨어났어요. 저는 바다에 떠 있는 플라스틱 입자를 연구하는 배에 타고 있어요. 지금 바다에는 수많은 플라스틱 조각들이 떠다니고 있는데, 그것이 해양 생물에게 어떤 영향을 미치는지 조사하려고 해요.

2
아침 식사 후, 첫 번째 임무를 시작해요. 바다에서 플라스틱 입자를 건져낼 거예요. 동료와 함께 갑판 위로 나갔어요. 날씨가 추워서 따뜻한 옷을 입고, 안전을 위해 딱딱한 모자를 쓰고 구명조끼를 걸쳤어요.

연구를 위해 여행을 하지 않을 때는 실험실에서 자료를 분석하고, 보고서를 쓰고, 다른 해양생물학자들의 연구를 살펴봐요. 항상 공부해야 하죠. 해양생물학자는 거대한 고래부터 작은 바다 생물까지 모든 종류의 해양 생물을 전공할 수 있어요.

3
이제 장비를 준비해요. 승무원들이 배 뒤에 특수 그물을 설치하는 것을 도와줬어요. 그물을 바다로 던지면 그물이 배 뒤에서 끌려 오며 플라스틱 입자들을 모아요.

바다 연구
해양 탐사선에는 바다를 조사하는 다양한 장비들이 있어요. 선원들과 해양학자, 해양생물학자, 생태학자와 같은 과학자들이 타지요. 우리는 바다에서 몇 주를 보내며 신비로운 바다를 탐사해요.

4

수집한 플라스틱 입자들을 배 안에 있는 실험실로 가져가서 현미경으로 관찰해요. 플라스틱 입자 위에서 살고 있을지도 모를 작은 생물들을 찾고 있어요. 플라스틱이 환경에 어떤 영향을 주는지 알아보기 위해서죠.

5

일을 어느 정도 마무리하고, 점심을 먹어요. 오늘은 파도가 좀 거칠어서 접시를 꼭 붙잡고 있어야 했어요!

7

범고래들이 배에서 멀어지자, 플라스틱을 다시 모아요. 일을 마무리한 뒤에는 보고서를 써요. 저는 연구 여행을 오면 최대한 많은 연구를 하기 위해 오랜 시간 일하는 편이죠.

6

점심을 먹은 뒤에 더 많은 플라스틱을 모으기 위해 갑판으로 돌아가요. 하지만 문제가 생겼어요. 범고래 무리가 배 가까이에서 헤엄을 치고 있었어요. 범고래들을 방해하지 않으려고 우리는 그물을 내리지 않고 기다려요. 이런 시간은 결코 지루하지 않아요. 놀라운 생물들을 보는 것만큼 즐거운 일은 없으니까요.

8

저녁 7시 30분, 다른 과학자들과 저녁 식사를 해요. 남극의 얼음이 얼마나 빠르게 녹고 있는지 연구하는 빙하학자 옆자리에 앉았어요. 저는 다른 과학자들의 연구 이야기를 듣는 걸 좋아해요. 새로운 것을 배울 수 있으니까요.

일의 장점과 단점

장점: 바다를 탐험하는 것은 놀라운 일이에요. 아직도 배울 게 너무 많아요!

단점: 뱃멀미! 때로 바람과 파도가 무척 거칠어요. 그래도 점점 익숙해진답니다.

여행 작가

여행 작가의 삶은 모험으로 가득 차 있어요. 저는 종종 며칠 동안 매일 다른 장소에서 잠이 깨고는 해요. 대학에서 언론학을 공부한 뒤, 세계 곳곳을 여행하며 제 경험을 블로그에 올렸어요. 그 일이 너무 즐거워서 지금은 잡지와 웹사이트에 여행에 관련된 글을 쓰며 지내고 있어요.

80개국이 넘는 나라들을 여행했어요. 열기구 축제부터 세계에서 가장 큰 폭포에 이르기까지 놀라운 광경을 수없이 봤죠.

1
방금 인도의 수도 뉴델리에 도착했어요. 장애인 여행객을 위한 온라인 잡지에서 기사를 써 달라는 부탁을 받았거든요. 휠체어를 타고 뉴델리를 여행하는 이야기를 기사로 쓸 거예요.

2
비행기에서 이곳에 대해 알아보고, 호텔에 도착했을 때는 뉴델리 주변에서 재밌게 할 만한 일들에 대한 계획을 마무리했어요. 여행 블로그와 지역 사람들의 소셜 미디어 게시물들을 살펴보며 도움을 받았죠.

일의 장점과 단점

장점: 여행은 늘 재밌어요! 그리고 휠체어 이용자들이 여행하는 데 도움을 줄 수 있어서 기뻐요.

단점: 시차 때문에 생기는 피로! 잠을 설칠 때가 많아요. 유명한 관광지에서는 줄을 오래 서야 해서 피곤할 때도 있어요.

3
관광지를 안내해 줄 여행 가이드를 만났어요. 여행 가이드는 경사로가 있거나 계단이 없어서 휠체어를 타고 다니기 쉬운 곳을 잘 알고 있었어요.

4

차를 타고 붐비는 거리를 지나면서 메모를 하고 사진을 찍어요. 어떤 여행에서는 사진작가가 함께하기도 하지만, 저는 직접 사진도 찍어요.

5

뉴델리에서 가장 인기 있는 관광지 중 하나인 레드 포트에 도착했어요. 이 건축물은 지은 지 400년이 넘었는데, 붉은 사암으로 쌓아 올린 높은 벽 때문에 레드 포트란 이름이 생겼어요. 정말 근사했어요. 레드 포트에는 정원, 궁전, 수로 등이 있고, 휠체어용 경사로가 많아서 돌아다니는 데 전혀 문제가 없었어요.

6

다음으로 우리는 시장으로 향했어요. 시장에는 화려한 옷과 기념품, 사모사, 차이 등 인도의 전통 음식들을 팔았어요. 환상적인 곳이었죠! 저는 사람들과 화려한 노점 사진을 많이 찍었어요. 나중에 그 사진들을 편집자에게 보내면, 그가 그중에서 기사에 쓸 사진을 고를 거예요.

7

시장 구경을 하며 맛있는 간식도 먹고, 메모도 하고, 사진도 많이 찍었어요. 호텔로 돌아와 웹사이트와 소셜 미디어에 사진을 몇 장 올렸어요. 제가 하는 일을 사람들에게 보여 주는 것은 중요해요. 사람들에게 정보를 줄 뿐만 아니라, 그걸 보고 일을 부탁하려는 연락이 오거든요.

8

자기 전에 기사를 써요. 보고 느낀 것이 아직 머릿속에 생생할 때 글을 써야 해요. 내일도 매력적인 뉴델리 곳곳을 돌아다니며 오늘처럼 일할 거예요!

지질학자

학교에 다닐 때 과학 공부를 좋아했고, 돌을 모으는 게 취미였어요. 제 방에는 재밌게 생긴 돌들이 가득했죠. 대학에서는 지구 과학을 전공했고, 지구가 어떻게 만들어졌는지에 대해 많은 걸 배웠어요. 지금은 건설 회사에서 일하고 있어요. 어떤 땅 위에 건물을 지어야 하는지 조사해요. 제 일에는 늘 새로운 발견과 해결해야 할 문제가 함께 한답니다.

지질학자는 단순한 암석 전문가가 아니에요. 지질학자는 화산(화산학), 지하수(수리지질학), 환경 오염 및 보존(환경지질학)과 같은 분야를 전문적으로 다룰 수도 있어요.

1
오전 8시에 현장에 도착했어요. 건설사에서 집을 여러 채 지을 예정이라, 집을 지어도 될 만큼 단단한 땅인지 조사하러 왔어요. 암석 샘플을 채취하려면 땅속에 구멍을 뚫어야 해서 시추 팀을 만났어요. 다음 주에는 많은 암석 샘플을 조사할 거예요.

2
시추 팀이 굴착 장비를 이용해 속이 빈 긴 관을 땅속 깊이 집어넣었어요. 그 관에서 암석을 꺼내서 상자에 담았어요. 그다음 그 암석을 어디에서 뚫은 건지, 또 얼마나 깊숙하게 뚫었는지를 기록해요. 이 암석의 일부가 수백만 년 된 것이라고 생각하면 아주 놀랍지요.

3
오후에는 실험실로 가서 현미경으로 암석 샘플을 조사해요. 현미경을 통해 암석을 이루고 있는 광물들을 확인할 수 있어요. 조사한 내용을 기록해서, 그전부터 작업해 오던 3D 디지털 지도에 추가해요. 건축가가 이 지도를 이용해서 집을 지을 수 있는 장소를 확인하기 때문에 정확해야 해요.

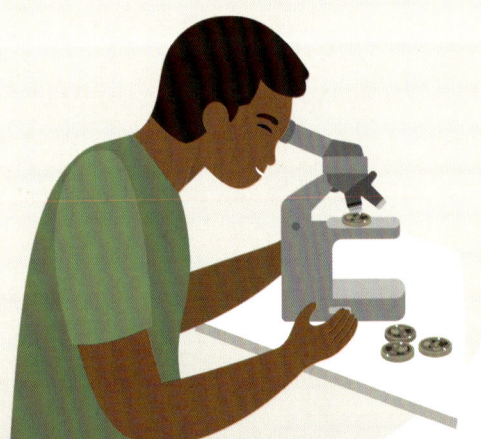

4
조사 내용을 마저 작성하고 일을 마무리해요. 지금까지 조사 결과 건물을 짓기에 적합한 땅인 것 같아요. 하지만 판정하기에는 아직 일러요. 내일 다시 현장에 가서 일을 하다 보면, 또 무엇을 발견하게 될지 모르니까요.

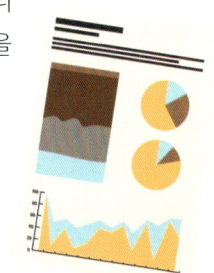

일의 장점과 단점
장점: 현장과 연구실에서 동시에 일할 수 있어서 좋아요.

단점: 작업 현장이 진흙탕일 때도 있고 벌레가 많을 때도 있어요.

고생물학자

고생물학자는 주로 화석을 통해 수백만 년 전에 살았던 생물을 연구해요. 여덟 살 때 저는 해변에서 화석을 발견하고 화석에 관심을 갖게 되었어요. 학교에 다니면서 과학을 열심히 공부했고, 대학에서 지질학을 전공했어요. 대학 졸업 후에는 대학원에 가서 몇 년 더 공부했어요. 가치가 있는 노력이었죠.

자연사박물관에서 일해요. 전시품들을 관리하고 방문객들과 이야기를 나눠요. 과거의 생물들에 대해 더 많이 알고 싶어서, 화석 발굴 여행도 자주 다녀요.

1
오늘은 공룡의 뼈나 발자국, 똥과 같은 자취를 찾아서 사막으로 여행을 왔어요. 세계 각지의 박물관과 대학에서 온 고생물학자들과 함께 현장에 도착했어요. 우리는 하루 종일 야외에서 일할 거예요. 다행히 날씨가 건조하고 화창하네요.

2
지질도를 보면 이 현장에 있는 암석의 시대를 알 수 있어요. 이 말은 같은 시기의 화석도 이곳에 있을지 모른다는 뜻이에요. 우리는 암석이 닳아 없어진 지역을 찾았어요. 그리고 거기서 화석을 발견했지요!

3
우리가 발견한 화석은 공룡의 뼈처럼 보여요. 화석을 조심스럽게 파내요. 마치 부러진 팔에 깁스를 하는 것처럼 화석을 하나씩 붕대로 감싸서 안전하게 옮겨요.

일의 장점과 단점

장점: 전 세계 전문가들과 함께 작업하고 그들에게서 배울 수 있어요.

단점: 화석 하나를 발굴하는 데만 몇 주가 걸리기도 해요. 인내심이 많이 필요하죠!

4
몇 시간 동안 화석을 발굴한 뒤, 현장을 잘 정리해요. 화석은 연구실로 보내기 위해 포장해요. 화석 표본 담당자가 그 뼈들을 맞추면 어떤 공룡의 뼈인지 알 수 있을 거예요. 신나는 일이죠! 내일도 얼른 현장에 나와 일하고 싶네요.

조경사

저는 날이 맑든 비가 오든 대개 일주일에 6일을 야외에서 일해요. 처음에는 회사 수습생으로 일을 시작했고, 지금은 개인 사업을 하고 있어요. 저는 단순히 꽃을 심고 잡초를 뽑는 일만 하는 게 아니에요. 정원이나 공원을 아름답게 만들기 위해 계획을 짜고, 길과 울타리를 만들고, 장식을 하지요. 조경사는 창의력과 많은 에너지가 필요한 직업이에요.

조경사들은 병원이나 큰 건물의 정원, 공원, 개인 정원 등 다양한 야외 공간에서 일해요.

1
아침 7시 30분에 팀원들과 함께 지역 병원에 도착했어요. 우리는 직원과 환자, 방문객들이 즐길 수 있는 아름다운 야외 공간을 만들어 달라는 부탁을 받았어요. 사람들이 거닐 수 있는 길과 화단을 만들고 앉아서 쉴 수 있는 벤치를 놓을 거예요.

2
신속하게 팀 회의를 마친 뒤, 우리는 새 길을 만들기 시작했어요. 길은 휠체어가 다닐 수 있게 평평하고 넓게 만들어야 해요. 저는 길을 측정하고 줄과 막대를 이용해서 길을 표시해요. 길을 똑바르게 만들려면 정확한 계산과 설계가 필요해요.

3
팀원 일부는 계속 길을 만들고, 나머지는 화단에 꽃을 심었어요. 어느새 점심시간이 되었어요. 열심히 일하고 먹는 점심은 정말 꿀맛이죠! 잠시 쉰 다음, 다시 일을 하러 돌아와요. 현장을 둘러보니 놀라워요. 꽃들이 벌써 나비들을 끌어들이고 있어요. 나비들이 우리가 만든 정원을 가장 먼저 즐기네요.

일의 장점과 단점

장점: 사람들이 우리가 만든 정원을 즐기는 모습을 볼 때 보람을 느껴요.

단점: 제 일은 날씨에 영향을 많이 받아요. 폭우가 오거나 날이 너무 어두우면 일하지 못해요.

4
오후 5시가 되면, 도구를 챙기고 현장을 안전하게 잘 정리한 다음 퇴근해요. 내일도 오늘처럼 바쁠 것 같아요!

화훼 농원 관리자

저는 채소, 과일, 화초 등을 가꾸는 방법을 연구하는 학문인 원예학을 공부했어요. 지금은 화훼 농원에서 식물들을 돌보고, 화초를 기르고 싶어 하는 사람들에게 식물을 추천해 줘요. 또 농원이 잘 운영될 수 있게 여러 가지 일을 하죠. 저는 이 일이 참 좋아요!

화훼 농원 관리자가 되려면 대학에서 원예학을 전공하거나 원예와 관련된 직업 훈련을 받으면 좋아요. 농원에서 일한 경험도 도움이 되지요.

1
농원에는 항상 할 일이 많기 때문에 보통 일찍 출근해요. 오늘은 농원에 어린 나무들이 배달됐어요. 농원에 필요한 식물들을 주문하고, 배달된 식물을 확인하고 정리하는 것이 제 일이에요. 동료들과 함께 나무들을 옮기고 나무에 상처가 난 곳이 없는지 확인해요.

2
식물들을 깔끔하게 진열해요. 벌레는 없는지, 병에 걸리지는 않았는지 꼼꼼히 확인하고 물을 줘요. 아침 9시에 문을 열면 손님들이 와요. 참 바쁜 아침이에요. 저는 농원을 돌아다니며 손님들이 필요한 식물을 찾을 수 있게 도와주어요. 정원에 심을 꽃을 찾는 손님에게 노란 덩굴장미를 보여 주었더니, 예쁘다며 좋아하네요.

3
때로는 손님들을 위한 이벤트를 진행하는데, 오늘 오후에는 수업이 있어요. 손님들에게 공중에 화분을 매달아 화초를 기르는 법을 가르쳐 줄 거예요. 우리는 수업 전에 화분과 흙, 화초를 준비했어요. 수업하는 동안에는 농원 홈페이지에 올릴 사진을 찍어요. 다들 재미있어해서 다행이에요!

일의 장점과 단점

장점: 가끔 고객들이 농원에서 산 식물로 꾸민 예쁜 정원 사진을 보여 줘요. 그럴 때면 참 뿌듯하죠.

단점: 식물들이 병에 걸리면 안타까워요. 우리는 식물들이 해충에 피해를 입지 않게 최선을 다해 돌봐요. 모든 벌레가 나쁜 건 아니에요. 어떤 벌레는 식물에게 해로운 벌레를 잡아먹기도 하죠.

4
곧 일과가 끝나요. 퇴근하기 전에 저는 오늘 밤 일기 예보를 확인해요. 강풍이 불 것 같아서 식물들이 바람에 쓰러지지 않게 안전하게 조치해요.

자연보호구역 경찰관

자연보호구역에서 사는 동물과 식물을 보호하는 것이 제 일이에요. 저는 방문객들에게 이곳의 규칙을 안내하고, 자연보호구역과 야생 동물에 대해 설명해요. 대학에서 환경 과학을 공부한 다음, 자연보호구역 경찰관이 되었죠.

저는 과학자와 일반인을 비롯해 다양한 사람들과 함께 일해요. 사람들이 자연환경을 아끼고 보호하도록 돕는 건 정말 기분 좋은 일이에요.

1

오늘 아침에는 생물학자들을 만났어요. 그들은 수달 몇 마리를 보살펴 왔는데, 자연보호구역에서 살 수 있게 수달들을 풀어줄 거예요. 그리고 앞으로 야생에서 수달들이 잘 지내는지 관찰할 거예요. 이처럼 동식물을 보호하는 프로젝트를 돕는 것은 제가 가장 좋아하는 일이에요. 저는 생물학자들이 카메라를 설치하는 걸 도와주고, 순찰을 하러 갔어요.

2

자연보호구역 안을 걸어서 순찰해요. 철책이나 문이 훼손되지 않았는지 확인해요. 자연보호구역 경찰관들은 항상 나침반과 위치 추적 장치(GPS)를 가지고 다녀요. 대부분 혼자 일하는 편이고, 자연보호구역이 넓고 나무가 울창해서 길을 잃을 경우를 대비하는 거죠.

3

순찰을 거의 마칠 무렵, 길 잃은 사람들을 발견했어요. 그들은 길이 아닌 곳에서 자전거를 타고 있었죠. 저는 자전거 길을 안내해 주었어요. 아무 데서나 자전거를 타면 식물들에게 피해를 입힐 수 있어요. 식물은 동물들에게 소중한 먹이라서, 식물들을 잘 보호해야 해요.

일의 장점과 단점

장점: 야외가 제 사무실인 셈인데, 저는 그게 정말 좋아요!

단점: 종종 주말에도 일을 해야 해요.

4

오후에는 보트를 타고 강을 순찰해요. 불법 낚시나 사냥 같은 자연보호구역에서 해서는 안 되는 일을 하는 사람이 있는지 살펴야 해요. 또 야생 동물들도 두루 살펴봐요. 혹시나 위험한 상황이 생기면 방문객들을 바로 안전하게 대피시켜야 하거든요.

5

낚시꾼들을 발견했어요. 최근에 불법으로 낚시한 사람들이 있어서 철저하게 단속하고 있어요. 낚시꾼들에게 다가가 정중하게 면허증을 보여 달라고 했어요. 저는 이곳을 지켜야 하는 책임이 있기 때문에 때때로 용감할 필요가 있어요. 규칙을 어기고 오히려 화를 내는 사람들이 종종 있는데, 다행히 낚시꾼들은 면허증이 있었고 제 지시를 잘 따랐어요.

6

방문자 센터로 향해요. 저는 방문객들을 교육하는 일도 해요. 오늘은 아이들에게 자연보호구역에 사는 야생 동물들을 소개해 주었어요. 그리고 자연을 보호하는 법과 규칙이 있어서, 우리가 자연을 누릴 수 있는 거라고 설명했어요.

7

교육을 마친 후에는 문서 작업을 했어요. 최근에 사슴을 불법으로 사냥한 사람들을 붙잡았는데, 재판을 받을 때 법정에서 증거로 사용할 보고서를 썼어요.

8

일을 마무리하고 집에 갈 준비를 하고 있는데, 휴대폰으로 문자 메시지가 왔어요. 오늘 만났던 생물학자들 중 한 명이 사진을 보냈네요. 이동 중인 수달 가족의 사진이었어요! 흐뭇한 기분을 안고 퇴근할 수 있겠어요.

삼림 감독관

저는 숲을 좋아해요. 숲에는 동물과 식물, 새로운 볼거리가 항상 가득해요. 삼림 감독관으로서 제가 하는 일은 숲의 나무와 야생 동물을 돌보는 거예요. 어떤 나무를 자르고 새로운 나무를 어디에 심을지 계획하고, 사람들이 숲에 와 즐길 수 있도록 숲을 관리해요. 대학에서 삼림경영학을 공부했고, 삼림 감독관이 되기 전 현장 실습도 했어요.

하루의 대부분을 숲속 여기저기를 걸어 다니며 보내요. 산불, 폭풍 혹은 사나운 야생 동물을 맞닥뜨릴 수 있기 때문에, 늘 안전에 주의를 기울여요.

1 사무실에 출근해서 먼저 삼림 관리 계획안을 검토해요. 여기에는 우리가 관리하는 숲의 규모와 숲에 사는 생물들에 대한 내용을 비롯해 숲에 대한 많은 정보가 담겨 있어요. 삼림 관리 계획안에 최신 정보를 추가하는 일은 제 일의 큰 부분이죠.

2 동료와 함께 숲으로 가요. 나무 몇 그루를 잘라야 하는데, 어떤 나무를 고를지 결정해야 해요. 나무마다 얼마나 많은 목재를 얻을 수 있는지 확인하기 위해 나무 둘레를 재요. 베어 낼 나무를 선택해서 나무줄기에 표시해요.

3 우리는 동물들이 이용할지 모르는 나무들을 찾아내요. 그런 나무는 베지 않아요. 나뭇가지에 둥지가 있다면 새가 다시 돌아올 나무라는 뜻이고, 나무에 난 구멍은 다람쥐의 집일 수도 있어요.

일의 장점과 단점

장점: 꼼꼼히 계획을 짜고 일을 체계적으로 하는 걸 좋아해요. 제 직업이랑 딱 맞죠!

단점: 산불이 나면 아주 위험해요.

4 오후에는 우리가 만들고 있는 새로운 길을 살펴보았어요. 작업이 잘 진행되고 있어서 기뻤어요. 곧 방문객들이 그 길을 이용해서 전에는 갈 수 없었던 숲의 새로운 모습을 볼 수 있을 거예요.

5 사무실에 돌아와 삼림 관리 계획안에 최신 정보를 추가하고 집에 갈 준비를 해요. 집은 숲과 멀지 않아요. 숲 가까이 집을 구할 만큼 저는 숲을 정말 좋아한답니다!

소방관

학교 다닐 때 운동을 잘했고, 활동적이고 사람들에게 도움이 되는 직업을 갖길 원했어요. 그래서 소방관이 되기로 했지요. 저는 소방학과 응급 처치 요령, 소방 관련 법 등을 공부하고 체력 훈련도 열심히 해서 소방관 시험에 합격했어요! 소방관이 되기까지 힘들었지만, 그 노력이 헛되지 않아서 기뻐요.

소방관은 사람들을 안전하게 지키기 위해 여러 사람이 한 팀으로 일해요. 우리는 불만 끄는 게 아니라, 자동차 사고나 건물 붕괴 같은 위험한 상황에서 사람들을 구해요. 또 사람들에게 화재 예방법과 안전 수칙을 가르치기도 해요.

1 아침 6시 45분, 회의 시간에 맞춰서 소방서에 도착했어요. 한 지역에서 산불이 났는데, 여름인데다 그곳의 삼림 지역이 건조해서 비상이 걸렸어요. 회의가 끝난 뒤, 서둘러 장비를 점검했어요. 현장에 출동해서 장비를 바로 쓸 수 있도록 제대로 작동하는지 확인해요.

2 산불을 감시하던 헬리콥터 조종사에게서 전화가 왔어요. 산 위를 비행하다가 불이 난 걸 발견했는데, 근처 야영장 모닥불로 인해 불이 난 것 같다고 했어요. 우리는 장비를 가지고 숲으로 출발했어요.

3 숲에 도착해 불 주변에 방화선을 팠어요. 방화선은 불길이 번지는 걸 막기 위해 불에 탈 만한 것을 없애고 긴 띠 모양으로 땅을 비워 두는 거예요. 방화선을 만들려면 나뭇가지나 낙엽을 치우고 마른 풀이나 작은 나무들도 잘라 내야 해요.

4 커다란 물탱크에서 호스를 끌고 와 불길 위로 물을 뿌렸어요. 그동안 헬리콥터는 산 위에서 물을 쏟아 부었지요. 몇 시간 동안 먼지투성이가 되도록 진화 작업을 했더니, 마침내 불길이 잦아들기 시작했어요.

5 불이 확실히 꺼진 걸 확인하고 우리는 장비를 챙겨서 소방서로 돌아왔어요. 몸은 지쳤지만, 산불을 진압했다는 사실이 뿌듯하고 행복했어요.

일의 장점과 단점

장점: 사람들의 생명과 재산을 지킬 수 있다는 게 뿌듯해요.

단점: 안전 수칙을 지키지 않아서 화재가 일어날 때 안타까워요.

캠핑장 관리자

우리 가족은 여름휴가 때마다 캠핑을 다녔어요. 자연스럽게 캠핑장에 흥미를 느끼게 되었지요. 캠핑장을 운영하면 재미있을 거라 생각했는데, 제 생각이 맞았죠! 저는 지금 캠핑장을 운영하고 직원들을 관리하는 관리자가 되었어요. 항상 일이 많은데, 전 바쁜 걸 좋아하니까 다행이지요.

다양한 일을 해요. 캠핑장의 표지판을 고치기도 하고, 손님들을 맞이하고 좋은 등산로를 알려 주기도 하죠.

1
언제나처럼 아침 7시에 일을 시작해요. 대부분의 손님들은 아직 자고 있지만 일찍 떠나는 손님들도 있어서 체크아웃 하는 걸 돕고 배웅을 해요. 게시판에 일기 예보를 붙인 다음, 청소부를 만났어요. 청소부는 화장실 타일이 반짝거릴 만큼 깨끗하게 청소가 되어 있다고 말했어요.

2
오전 11시 30분에 마지막 손님이 떠난 뒤, 손님들이 남기고 간 건 없는지, 주변이 잘 정돈되어 있는지 확인하려고 캠핑장을 둘러봤어요. 망가진 울타리를 보고 기술자에게 전화해서 오늘 늦게라도 들러서 고쳐 달라고 했어요.

3
사무실로 돌아와서 메일과 문자 메시지를 확인해요. 캠핑장에 예약 문의를 하려는 사람들이 하루 종일 연락을 하거든요. 사람들에게 답장을 하고 컴퓨터에 예약 내용을 기록해요.

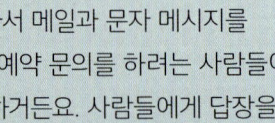

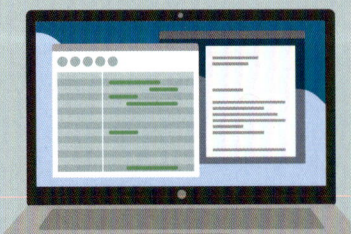

일의 장점과 단점

장점: 여러 지역에서 온 사람들을 만나고 소통하는 게 재밌어요.

단점: 캠핑장에 쓰레기를 버리는 사람들을 볼 때 슬퍼요. 쓰레기통에라도 버려 주면 좋을 텐데…

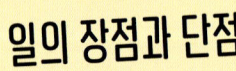

4
오후에는 새로운 손님들이 도착했어요. 직원이 지도와 안내서를 건네주고 캠핑 장소로 바래다줬어요. 안내서에는 캠핑장에서 지켜야 할 규칙이 적혀 있어요. 밤에 조용히 하기, 야생 동물에게 가까이 가지 않기, 정해진 곳에서만 불 피우기, 떠나기 전에 불이 꺼졌는지 확인하기 등이 포함되어 있어요.

5
어떤 가족은 벌써 텐트를 치고 무얼 하며 놀지 이야기 나누고 있어요. 저는 캠핑장 주변에서 할 수 있는 활동들을 잘 알고 있어요. 손님들에게 수영도 하고 카약도 탈 수 있는 근처 호수를 알려 주고, 산악자전거를 탈 수 있는 멋진 길이 있다는 것도 알려 주었어요.

6
오후 3시에 기술자가 와서 울타리를 고쳤어요. 울타리는 몸집이 큰 동물들이 캠핑장에 들어오는 걸 막아 주어요. 캠핑장은 안전해야 하죠.

7
손님들이 전부 도착하면, 캠핑장 표지판을 뒤집어서 캠핑장에 손님이 다 찼음을 알려요. 저는 캠핑장 안의 가게에서 장작과 음식을 팔고, 손님들이 필요로 하는 걸 해결해 주어요.

미안합니다, 캠핑장이 꽉 찼습니다.

8
오후 7시 30분쯤, 직원과 함께 사무실 문을 닫고 손님들에게 인사해요. 손님들은 도움이 필요하면 언제든 비상 연락처로 전화하면 돼요. 저와 직원은 캠핑장 근처에 살아서 바로 도움을 줄 수 있지요.

건설 관리자

저는 건설 회사에서 일을 시작했고, 경력이 쌓이면서 직위가 높아졌어요. 지금은 대형 건축 프로젝트를 담당하는 관리자로 일하고 있어요. 건물을 제시간에 안전하게 완공하도록 관리하지요. 멋진 건물을 만드는 일을 하는 게 제 꿈이었어요.

1
아침 7시 30분. 사무실에 와서 해야 할 일의 목록을 확인하고 있어요. 여러 프로젝트를 동시에 진행하기 때문에 잘 정리해야 해요. 오늘은 슈퍼마켓을 짓고 있는 건설 현장을 방문할 거예요.

초고층 빌딩, 쇼핑센터, 아파트, 학교 등 다양한 종류의 건축 프로젝트를 진행하는 큰 회사에서 일해요. 건설 관리자들은 자기 회사를 설립하여 운영하기도 하죠.

2
현장에 도착해서 프로젝트 관리자를 만났어요. 제가 모든 현장에 있을 수 없기 때문에 각 건설 현장마다 담당 관리자를 두고 일해요. 효율적으로 일해야 모두 좋은 성과를 낼 수 있죠. 담당 관리자는 공사가 문제없이 예정대로 잘 진행되고 있다고 말했어요. 그 이야기를 들으니 안심이 되었지요.

3
건설 현장을 둘러봐요. 이곳이 빠르게 변하는 모습을 보니 놀라워요. 불과 몇 달 전만 해도 이곳은 풀밭이었거든요. 이곳저곳을 둘러보며 공사 현장이 안전한지, 노동자들이 안전 규칙을 지키며 일하는지 확인해요. 건강과 안전은 무엇보다 중요하니까요.

4
팀원들과 간단히 점심을 먹은 뒤, 건축가와 만나 진행 상황을 의논해요. 대부분의 구조 작업(벽과 지붕)이 끝났고, 지금은 목수, 전기 기사, 배관공 들이 건물 내부에서 열심히 일하고 있어요. 시끄럽고 바쁘죠.

5
회의가 끝난 뒤, 밖으로 나가 도로 포장용 돌들을 옮기고 있는 크레인 기사를 봐요. 커다란 기계가 작업하는 모습을 보는 건 늘 신기해요.

6
다음으로 야외 주차장을 설계한 조경사를 만나요. 조경사는 자동차를 위한 공간뿐만 아니라 사람들을 환영하는 아름다운 공간을 만들고자 해요. 그래서 화단을 만들고 벤치를 설치할 예정이에요.

7
모든 일이 잘 진행되고 있었는데, 갑자기 비가 왔어요. 비가 올 때 무거운 장비들을 가지고 작업하거나 높은 곳에 올라가서 일하면 위험하기 때문에, 외부에서 하는 작업을 모두 중단해요.

8
현장에 오후 5시까지 있다가, 집으로 가요. 강한 바람 때문에 공사 장비가 넘어지거나 밤새 긴급 상황이 일어날 수 있어서 전화기를 곁에 두어요. 밤새 아무 일이 없기를 바라요.

일의 장점과 단점

장점: 완공된 건물을 보고 좋아하는 건물 주인의 모습을 보는 건 즐거운 일이죠.

단점: 프로젝트를 제시간에 끝내려고 애쓰다 보면 스트레스를 많이 받아요.

스키 강사

어린 시절 산 근처에서 자라서 학교에서 스키를 배웠어요. 스키의 매력에 금방 빠져들었고, 겨울마다 스키를 탔어요. 스키 강사 과정을 수료한 뒤, 지금은 스키 학교에서 다양한 연령대의 사람들에게 스키를 가르치고 있어요.

> 저의 하루는 변화무쌍해요. 오전에는 초보자들에게 스키 타는 법 기초를 가르치고, 오후에는 스키를 잘 타는 사람들에게 수준 높은 기술을 지도해요. 함께 일하는 다른 강사는 스노보드도 가르쳐요.

1

아침을 든든히 먹어요. 제 직업은 활동량이 많아서 아침밥을 꼭 먹어야 해요. 오늘 아침 메뉴는 과일과 꿀을 넣은 오트밀이에요. 식사를 마치고 유니폼을 갈아입고 스키 학교로 가는 버스를 타요.

2

회의 시간에 늦지 않게 오전 8시 25분에 도착했어요. 오늘은 동료와 함께 아이들을 가르칠 거예요. 스키를 타 본 적이 없는 아이들이라서 평평하고 완만한 슬로프(스키장에서 스키를 탈 수 있는 경사진 곳)에서 수업을 할 거예요.

3

장비를 챙겨서, 우리를 들뜬 마음으로 기다리고 있을 아이들을 만나러 가요. 아이들이 따뜻하게 옷을 입고 스키화를 잘 신었는지 확인해요. 함께 있던 부모님들이 떠나고, 저는 '날 따라 해 봐요' 게임으로 수업을 시작해요. 몸을 따뜻하게 하는 스트레칭과 준비 운동을 따라 하게 해요.

4

속도를 조절하고 멈추는 데 도움이 되는 '스노플라우(스키 앞쪽 양끝을 모아 주는 자세)' 같은 기본적인 스키 동작들을 가르쳐요. 아이들이 그 동작들을 충분히 익히면 리프트를 타고 슬로프 꼭대기로 올라가요.

5

앞에서는 제가, 뒤에서는 동료가 자리를 잡고 아이들과 한 줄로 서서 천천히 스키를 타요. 크게 지그재그를 그리면서 내려가요. 안전하고 천천히 내려갈 수 있는 방법이죠. 아이들이 잘 내려오는지 확인하기 위해 저는 거꾸로 스키를 타요. 이렇게 여러 번 스키를 타니 아이들이 점점 자신감을 갖는 게 느껴져요.

6

점심시간이 되어 스키 학교로 돌아와요. 아이들이 젖은 장갑과 외투를 벗는 것을 도와주고 따뜻하게 식사해요. 운동하고 먹는 밥은 정말 맛있어요!

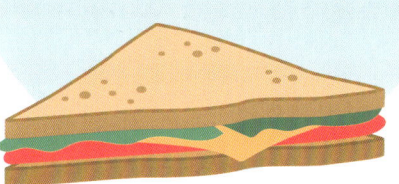

7

오후 수업을 하러 가던 중, 구급 헬리콥터가 착륙하는 걸 보았어요. 누군가 다쳤나 봐요. 다행히 스키장에는 스키 패트롤(스키 타는 사람들의 안전을 지키는 안전 요원)이 많이 있어요. 그들은 안전사고를 예방하고, 다친 사람을 구조해요. 다친 분이 무사히 치료를 받고 건강을 잘 회복하면 좋겠네요.

8

아이들과 앞서 배운 동작들을 다시 연습한 다음, 좀 더 가파른 슬로프에서 스키를 타요. 시간이 금세 지나, 벌써 수업을 마칠 시간이에요. 아이들을 기다리고 있는 부모님들을 만나러 가요. 아이들은 부모님에게 오늘의 경험을 신나게 이야기해요.

일의 장점과 단점

장점: 강습 전후나 강습하는 동안에도 늘 스키를 탈 수 있어요.

단점: 스키를 타다가 실수로 눈밭을 구를 때는 즐겁지 않죠. 스키 시즌이 끝나면 스키를 탈 수 없어요.

9

손을 흔들며 아이들과 헤어진 뒤, 스키장 문이 닫히기 전에 스키를 타러 높은 슬로프로 가요. 스키 타는 계절이 거의 끝나서 곧 눈이 녹을 거예요. 하지만 저는 이곳을 떠나지 않을 거예요. 여름이면 이곳에서 산악 안내원으로 일하거든요.

생태학자

어린 시절, 저는 제가 본 모든 동물과 꽃의 이름을 알고 싶어 했어요. 학교 다닐 때 생물학을 좋아해서 대학에서 환경 과학을 공부했고, 환경 보호 단체에서 자원봉사를 했어요. 지금은 생태학자로 식물과 동물이 환경에 어떻게 적응해 서로 어울려 살아가는지를 연구해요.

1
도시에서 식물과 곤충이 잘 살 수 있게 보호하고 장려하는 프로젝트를 진행하고 있어요. 벌이나 나비 같은 곤충은 식물이 번식하도록 식물에게 꽃가루받이(수분)를 해 줘요. 우리 인간은 음식과 옷, 그 외에 많은 것을 식물에게 의존해요. 그래서 식물과 곤충을 보호하는 일은 매우 중요해요.

많은 식물과 동물이 멸종 위기에 처해 있어요. 저는 인간이 자연에 어떤 영향을 주는지, 자연을 보호하려면 무엇을 해야 하는지를 항상 생각해요.

2
동네 공원에서 같은 팀 과학자들을 만났어요. 도시에서 식물들에게 꽃가루받이를 해 주고 있는 곤충의 수를 파악하려고 해요. 저는 곤충들이 어떤 식물에 가장 끌리는지를 알아내고 싶어요. 그러면 그 식물들을 보호할 수 있고, 곤충들이 계속 찾아올 것이며 식물들도 계속 잘 자랄 거예요.

일의 장점과 단점

장점: 자연을 보호해야 한다는 것을 사람들이 이해할 수 있게 도와줘요.

단점: 벌레가 많은 곳에서 일하고, 벌에 쏘이기도 해요!

3
곤충의 수를 파악하기 위해, 풀이 무성한 지역에 일정한 넓이로 구역을 정해 줄을 쳤어요. 그런 다음 곤충을 잡기 위해 잠자리채로 풀밭 위를 좌우로 살며시 쓸면서 걸어가요.

4

운이 좋게도 아름다운 푸른 나비를 잡았어요. 나비가 다치지 않도록 살살 채집통 안에 넣었어요. 푸른 나비를 관찰하고 그 내용을 기록한 다음에는 조심스럽게 공중에 도로 놔 줘요.

5

우리는 앞서 쳐 놓은 줄을 따라 사각형 모양으로 구획을 나눴어요. 각각의 구획에서 발견한 식물들을 확인하고 적어요.

6

점심을 먹고, 공원에 있는 벌통을 보러 갔어요. 벌을 기르는 분이 벌통에서 꿀을 꺼내 줬어요. 꿀을 먹으려는 건 아니에요! 실험실로 꿀을 가져갈 거예요. 벌들이 꿀을 만들려고 어떤 식물을 찾아다녔는지 알아내기 위해서죠.

7

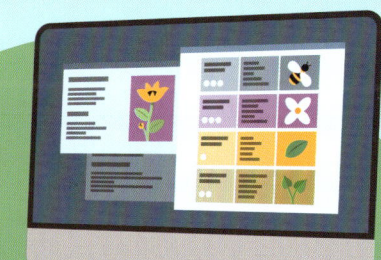

일과가 거의 끝나갈 무렵 사무실로 갔어요. 오늘 조사한 결과를 컴퓨터에 기록했죠. 내일은 벌과 나비, 또 다른 멋진 곤충들에게 좋은 환경을 만들어 주기 위해 도시에서 어떤 식물을 계속 길러야 하는지에 대한 보고서를 쓸 거예요.

시민 과학

생태학자들은 종종 특정 지역이나 개인 정원에서 야생 동물과 식물을 관찰하고 기록하는, 전문가가 아닌 일반 시민인 자원봉사자들과 함께 일하기도 해요. 이것을 '시민 과학'이라고 불러요. 자연 탐구에 관심이 있다면 주변에서 겨울새 탐조 같은 프로젝트를 찾아보세요.

레포츠 가이드

저는 사람들이 야외에서 멋지고 안전한 하루를 즐길 수 있도록 도와요. 제 일은 날마다 달라요. 어떤 날은 래프팅을 하고, 다음 날은 하이킹을 하죠. 학교 다닐 때 실내 암벽 등반 센터에서 아르바이트를 했고, 그 후 암벽 등반 자격증을 따고 응급 처치 훈련도 받았어요. 그 외에도 레포츠와 관련된 여러 교육을 받았지요.

인솔하는 여러 사람들의 안전을 책임져야 하기 때문에 언제나 민첩해야 해요. 지금 레포츠 가이드 사업을 하고 있는데, 팀으로 하는 일을 좋아하는 제게 잘 맞는 일이에요.

1

저는 아침마다 날씨를 확인해요. 오늘은 암벽 등반 수업을 할 거예요. 참여하는 사람들에게 등반에 알맞은 옷을 입고 오라고 했어요. 방수가 되는 재킷도 챙기라고 했죠. 갑자기 비가 내릴 수도 있으니까요. 종종 준비물을 깜박하는 사람들이 있어서 저는 항상 선크림과 여분의 방수복을 가지고 다녀요.

2

오늘은 수습 가이드와 함께 일할 거예요. 우리는 점심 도시락과 로프, 장갑, 헬멧, 하네스(등반용 안전벨트), 지도, 구급상자 등 필요한 장비를 챙겼어요. 약속 시간 15분 전에 산 아래 주차장에 도착했어요. 오늘의 경로를 살펴보려면 좀 일찍 도착하는 게 좋아요. 우리는 점심 먹을 장소를 정하고, 가파른 길이나 건너야 할 개울이 있는지 등도 확인해요.

일의 장점과 단점

장점: 가장 즐거운 순간은 절벽을 오르고 자연 속에서 하루를 보내는 거예요.

단점: 날씨가 나쁜 날에는 일하기가 어렵고, 진흙투성이가 된 장비를 청소하는 건 썩 즐겁지 않아요.

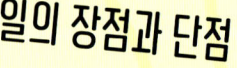

3

참여자들이 모두 도착하자 장비를 나눠 줘요. 오늘의 일정과 등반할 때 주의할 점도 설명해요. 산에서 지켜야 할 규칙도 이야기해요. 예를 들어, 쓰레기 버리지 않기, 꽃 꺾지 않기, 야생 동물에게 다가가지 않기 등이요. 이제 목적지로 출발해요!

4

등반할 절벽 아래까지 30분 걷는 동안 우리는 수다도 떨고 경치도 감상해요. 절벽에 도착해서는 모두 헬멧을 써요. 절벽에서 돌이 떨어질 수도 있거든요. 운동할 때 안전하게 자신을 보호하는 건 무척 중요해요. 수습 가이드는 사람들이 장비를 착용하는 걸 도와요. 저는 로프를 단단히 붙잡아 줄 장치를 고정시키러 절벽 꼭대기로 가요.

5

절벽 꼭대기에서 최종 점검을 한 뒤, 모든 사람이 안전하게 장비를 갖췄는지 확인하러 아래로 내려가요. 두 명을 한 조로 등반하는 법을 가르쳐요. 한 명이 절벽을 오르면, 다른 한 명은 아래에서 로프를 잡아요. 추락하지 않게 멈추는 장치가 있는 로프죠. 저는 절벽 아래에서 학생들을 돕고, 수습 가이드는 절벽 위에서 올라온 사람들을 도와줘요.

6

마지막 사람까지 절벽에 올랐어요. 모두 박수를 치며 서로를 응원해요. 우리는 그늘에 앉아 점심을 먹고 경치를 구경해요. 등반하기 전에 가졌던 마음과 두려움을 어떻게 극복했는지에 대해 이야기를 나눠요.

7

이제 다시 내려갈 시간이에요. 우리는 사람들에게 로프를 이용해서 암벽을 내려가는 방법(압자일렌)을 가르쳐요. 한 사람씩 로프를 몸에 감고 안내를 받으며 천천히 내려가요. 처음에는 다들 무서워했지만 안전하다고 느낀 순간 얼굴에 미소를 지어요. 저는 사람들이 오늘을 기념할 수 있도록 사진을 찍어 주어요.

8

모두 아래로 내려와서 다 함께 주차장으로 돌아가요. 사람들이 새로운 경험에 대해 즐겁게 이야기하는 걸 듣는 건 뿌듯한 일이에요. 사람들과 헤어진 다음, 사무실로 가서 사진을 컴퓨터로 옮겨요. 수습 가이드는 장비를 정리해요. 저는 사람들에게 이메일로 사진을 보내면서, 멋진 하루를 함께해 줘서 고맙다고 인사해요.

농부

저는 농장에서 자랐어요. 부모님을 도우며 농사에 대해 많은 것을 배웠죠. 그리고 농업 대학에 가서 농업 과학과 기술, 농장 경영, 농작물 판매 등 농업에 관한 다양한 지식을 배웠어요. 지금은 옥수수와 콩을 재배하는 농장을 운영하고 있어요. 다른 일을 하는 건 상상할 수 없죠.

농부는 많은 것을 알아야 해요. 농작물을 잘 기르는 법을 공부해야 하고, 농작물을 홍보하고 좋은 가격에 파는 법도 연구해야 해요. 그리고 농기계를 잘 다루고, 작은 고장은 고칠 줄도 알아야 하죠.

1
아침을 먹으며 한 주의 일기 예보를 확인해요. 비가 오면 농작물을 수확할 수 없어요. 물에 젖은 곡물은 수확하기도 어렵고 농기계를 망가뜨릴 수 있어요. 다행히 오늘은 날씨가 화창하네요. 농장 직원에게 전화해서 수확기 앞에서 만나자고 해요. 수확기는 농작물을 베고 거두는 커다란 기계예요.

2
수확기가 준비되었어요. 우리는 거의 하루 종일 콩을 수확했어요. 수확기는 콩 줄기를 벤 후 콩을 체로 걸러 내서 탱크에 저장해요. 그런 다음 직원이 운전하는 트랙터의 트레일러로 탱크의 콩을 옮겨요. 저는 수확기 운전하는 걸 가장 좋아해요.

일의 장점과 단점

장점: 풍년이 들면 아주 신나요. 열심히 일한 보람을 느끼죠.

단점: 농사는 날씨에 많은 영향을 받아요. 태풍이나 가뭄이 오면 농사를 망칠 수도 있어요. 농사를 지으려면 부지런해야 하는데, 매일 새벽 5시에 일어나는 건 쉬운 일은 아니에요.

3
갑자기 수확기에서 뭔가 갈리는 소리가 들렸어요. 수확기를 멈추고 밖으로 나와서 살펴봤더니 큰 나뭇가지가 걸려 있었어요. 수확기가 망가지지 않게 얼른 나뭇가지를 끄집어냈어요.

4

우리는 오후 늦게까지 콩을 수확했어요. 이제 콩을 저장 통으로 옮겨 담을 차례예요. 트레일러를 기울여서 콩을 쏟아 부으면 기다란 튜브처럼 생긴 기계를 통해 저장 통으로 콩이 들어가요.

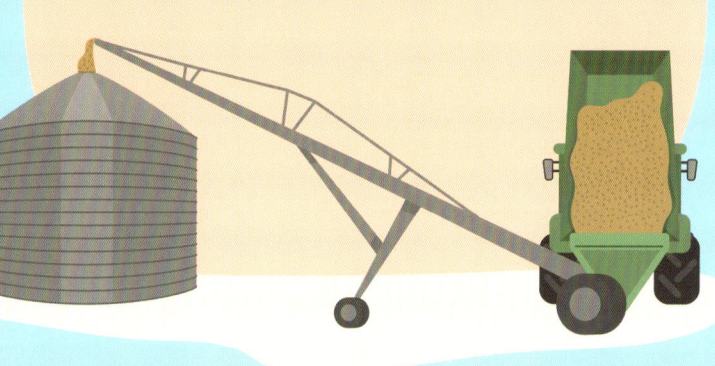

5

콩은 깨지거나 곰팡이가 생기지 않도록 적당한 온도에서 보관하는 게 중요해요. 저는 콩 몇 알을 디지털 수분계(고체에 포함된 물기를 재는 장치)에 넣고 콩 안에 수분이 어느 정도 들어 있는지 확인해요. 콩의 수분과 무게가 적당해지면 콩을 판매할 수 있어요.

6

콩을 수확하는 동안에 또 다른 직원은 옥수수 씨앗을 심고 있었는데, 일이 얼마나 진행되었는지 보러 갔어요. 파종기(씨앗을 심는 기계)로 씨앗을 심는데, 제가 도착했을 때 막 일이 끝났어요. 옥수수 씨앗이 적당한 깊이(약 5cm)로 심겼는지 확인해 보니, 잘 심긴 것 같아요.

7

날이 어두워졌어요. 농기계를 있던 자리에 잘 세워 두고 집으로 돌아가요. 이메일을 확인하고, 농장의 새로운 웹사이트를 만들고 있는 마케팅 매니저와 통화를 해요. 어떤 사업이든 좋은 웹사이트를 갖는 것이 중요한데, 농장도 마찬가지예요.

8

농장에서 재배한 농작물로 만든 맛있는 저녁을 먹으며 하루를 마무리해요.

국립공원 경비원

저는 늘 자연을 좋아했어요. 시골에서 자란 저는 자연에서 모험을 하고 동물들을 돌보는 걸 좋아했죠. 어린 시절부터 제가 자연에서 일하고 싶어 한다는 것을 알았어요. 대학에서 환경 과학을 공부한 후 자연보호구역에서 자원봉사자로 일했고, 지금은 국립공원 경비원으로 일하고 있어요.

저는 국립공원공단에서 일해요. 대부분의 시간을 공원에서 보내며 공원을 관리하고 야생 동물을 보호하는 일을 해요. 방문객들에게 공원 규칙을 알려 주고 수업을 하기도 해요.

1

새벽이 밝아오고 있어요. 저는 일찍 출근해서 공원을 둘러봤어요. 다친 동물이 있는지, 그 밖에 다른 문제는 없는지 살펴봤죠. 호수 위에 거위들이 노니는 모습이 보였고, 아름다운 해돋이도 보았어요.

2

숲속을 걷다가 쓰러진 나무가 길을 막고 있는 걸 발견했어요. 방문객들에게 위험할 수 있기 때문에 사무소에 알렸지요. 곧 제 동료들이 나무를 치워 줄 거예요.

3

숲을 살피고 있는데, 어디선가 연기 냄새가 났어요. 근처에 모닥불을 피우고 있는 사람들이 있었어요. 불이 나면 심각한 피해로 이어질 수 있어서 국립공원에서는 불을 피울 수 없다고 사람들에게 설명했어요. 저는 안전하게 불을 끄고, 순찰을 마쳤어요.

일의 장점과 단점

장점: 방문객들이 자연을 배우고 안전하게 즐길 수 있게 돕는 게 좋아요.

단점: 비상시에는 한밤중에 일하기도 해요. 어둠 속에서 일하는 건 조금 으스스해요.

4

국립공원에 사는 동물과 식물을
관찰하고 기록하는 일은 제게 중요한 일이에요.
그들을 잘 알아야 보호할 수 있으니까요.
오늘은 새 둥지를 찾고 있어요.
앞으로 몇 주 동안 찾아낸
둥지를 지켜보면서, 새끼 새들을
관찰할 거예요.

5

점심을 먹고, 공원에서 가장 오래된
나무 중 하나인 떡갈나무를 보러 가요.
이 떡갈나무의 나이는 200살이에요.
떡갈나무가 병에 걸린 줄 알고
걱정했는데, 다시 건강해 보여서
다행이에요. 그래도 수목 관리사(나무를
심고 가지치기하고 건강하게 가꾸는
사람)에게 검사를 받는 게 좋을 것
같아서 약속을 잡았어요.

6

국립공원 교육 센터로 가요. 아이들에게
국립공원에 사는 동물들에 대해 수업을 하기로
했거든요. 사람들에게 야생 동물에 대해 알리고
안전하게 보호하는 법을 가르쳐 주는 건 중요해요.
저는 제 지식과 열정을 나누는 걸 좋아한답니다.

7

방문객들이 모두 돌아가고, 저도 집에 막 가려던
참인데 풀밭에서 웅크리고 있는 새끼 사슴을
봤다는 전화를 받았어요. 그곳으로 가서 새끼 사슴을
살펴봤는데 다행히 건강해 보였어요. 어미 사슴은 먹이를
찾으러 간 것 같아요. 곧 돌아올 거예요. 이런 아름다운
동물을 볼 수 있다는 건 행운이라고 생각해요.

수상인명구조요원

어린 시절 바닷가에서 자랐고, 발가락 사이에 낀 모래의 느낌을 좋아했어요. 사무직이 제게 맞지 않는다는 걸 알고, 태양과 바다, 파도타기에 대한 애정을 직업으로 바꾸기로 결심했어요. 그래서 수상인명구조요원이 되었죠! 사람들이 안전하게 물놀이를 할 수 있게 돕는 일을 해요.

수상인명구조요원이 되기 위해 인명 구조 기술과 응급 처치를 배웠고, 물속에서 사람을 구조할 수 있을 만큼 수영 실력과 체력을 길렀어요. 또 바다에 대한 지식, 특히 다양한 종류의 파도, 조류와 해류 등도 공부했어요.

1

일을 시작하기 전에 항상 날씨를 확인해요. 해변에 도착해서 동료들을 만났어요. 이 해변에는 여러 명의 인명구조요원이 근무하고 있어요. 우리는 모래사장에 깃발을 꽂아 안전한 곳을 표시한 뒤, 인명구조대 탑에 자리를 잡고 해변을 살펴봤어요. 아침에는 별다른 일이 없었어요.

2

점심 식사 직후, 물속에서 허우적대는 사람을 발견했어요. 모래사장에서 먼 곳이었고, 강한 물살이 그를 더 멀리 밀어내고 있었어요. 저는 호루라기를 불어 다른 구조요원들에게 제가 구조하러 간다는 것을 알렸어요. 제가 구명대를 잡고 물속으로 뛰어들자, 다른 구조요원도 뒤를 따랐어요.

3

물에 빠진 사람에게 다가가 구명대를 꽉 붙잡게 했어요. 그런 다음 헤엄쳐서 그를 해안까지 데려왔어요. 다행히도 그는 금세 안정을 되찾았어요. 주변에 모여든 사람들은 안도의 한숨을 쉬었고 우리에게 박수와 환호를 보내 주었어요.

4

해가 지고 있어요. 위험한 상황은 또 일어나지 않았어요. 우리는 장비를 정리하고 해변에 떨어진 쓰레기를 주웠어요. 그다음에 저는 해변을 따라 달리기를 해요. 건강을 유지하려면 매일 운동을 해야 하거든요.

일의 장점과 단점

장점: 거의 매일 바다에서 수영을 해요. 신발을 신을 필요가 없죠!

단점: 가끔 해파리에 쏘이곤 하는데, 유쾌한 경험은 아니에요.

서핑 강사

서핑(파도타기)은 어렸을 때부터 제 삶이었어요. 틈만 나면 동네 서핑 가게에서 일했고, 저만의 서핑보드도 만들었죠. 열일곱 살 때 수상인명구조요원과 서핑 강사가 되기 위한 수업을 들었어요. 각종 장비부터 강습 계획을 짜는 법, 응급 처치, 사람들을 안전하게 지키는 방법까지 배울 게 많았죠.

1
해가 뜨자마자 저는 해변에 있는 서핑 학교로 가요. 다른 강사들과 인사하고, 예약 상황을 확인해요. 보통 이른 아침부터 이른 오후까지 수업을 해요. 일을 마친 후로는 혼자 서핑을 즐길 수 있죠.

2
초보 학생들과 첫 수업을 해요. 곧바로 물에 들어가지 않고, 모래사장에서 서핑의 기본 동작들을 가르쳐요. 보드 타는 법, 노 젓는 법, 일어서서 파도를 타는 법 등을 보여 줘요.

어린아이부터 노인 분들까지 다양한 연령대에게 서핑을 가르쳐요. 8명 정도의 소규모 그룹으로 수업을 하죠. 서핑을 시작하기에 늦은 나이란 없어요.

3
바다로 갈 시간이에요! 아까 배웠던 것을 물 위에서 연습해요. 학생들이 보드를 탈 때마다 자세를 잡아 주고 보드를 밀어 줘요. 조금 더 연습하면 몇 초 동안은 일어서서 파도를 탈 수 있을 거예요.

4
간단히 점심을 먹고, 어린 학생들을 가르쳐요. 그다음에는 경험이 많은 서퍼들을 가르쳐요. 그들은 조금 더 어려운 기술을 배우고 싶어 하죠. 곧 일을 마치고 나면 해가 질 때까지 제 보드를 가지고 신나게 서핑을 할 거예요.

일의 장점과 단점

장점: 사람들이 활짝 웃으면서 서핑 하는 모습을 보면 기분이 좋아요.

단점: 서핑복에 모래가 들어가면 느낌이 썩 좋지 않아요.

수색 구조 조정관

저는 군대에서 여러 해를 복무했어요. 군대를 떠나서도 군대에서 배운 야외 활동 기술을 사용할 수 있고 사람들을 돕는 일을 하고 싶었어요. 그래서 산악 구조대에 들어왔어요. 지금 하는 일이 정말 좋아요.

수색 구조 조정관으로서 저는 여러 동료들과 함께 산에서 부상자나 실종자를 구조하는 일을 해요. 직접 현장에 가서 사람을 구하는 대원들도 있지만, 저는 사무실에서 신고를 접수하고 어떻게 수색 구조할 것인지 계획을 짜고 대원들과 소통하며 상황을 조정하는 일을 해요.

1

이른 아침에 산악 구조대 사무실로 출근을 해요. 긴급 상황이 발생하면 구조 팀을 짜고 수색 구조를 진행해요. 오늘은 밖에 눈이 많이 와서 조금 걱정이 되네요.

2

첫 신고 전화를 받았어요. 등산을 간 가족이 산에 갇혀 있다고 했어요. 가족 중 한 명은 다리를 다쳐서 걸을 수 없다고 했지요. 저는 경보를 울리고 조난당한 가족을 찾기 위해 구조 팀을 보냈어요. 구조대원들은 산의 지형을 잘 알고 응급 처치에도 능숙해요.

3

조난당한 가족이 높은 절벽 위에 갇혀 있어서, 헬리콥터 팀에 연락해서 수색을 도와 달라고 했어요. 잠시 후, 헬리콥터 팀이 가족의 위치를 알아냈다고 연락이 왔어요. 헬리콥터 팀이 보내 준 GPS 좌표를 지상 구조 팀에게 전해 주면, 구조대원들이 가족의 위치를 정확하게 알아내요.

4

구조견 새미를 비롯한 구조 팀은 높은 절벽 쪽으로 갔어요. 구조대원들과 저는 무전기를 통해 계속 연락해요. 다행히도 구조대원들이 가족을 찾아냈어요.

5

구조 팀은 가족을 데리고 산을 내려가는 것이 너무 위험하다고 말했어요. 그래서 우리는 한 명씩 헬리콥터에 태우기로 결정했어요. 무전기를 통해 가족이 모두 헬리콥터에 안전하게 탑승했다는 소식을 들었어요.

6

임무 성공이에요! 가족들은 대기하던 구급차를 타고 병원으로 갔어요. 다리를 다친 사람은 치료를 받고, 나머지 가족들도 다친 데가 없는지 검사를 받아야 하니까요. 모두 안전하게 산을 빠져나와서 정말 다행이에요.

7

시간을 보니, 벌써 오후 1시가 지났어요. 점심을 먹은 다음, 오늘 오전에 일어난 사고에 대해 보고서를 써요. 보고서를 쓰는 건 매우 중요해요. 왜냐하면 보고서를 보고 다양한 상황에서 어떻게 임무를 수행했는지 배우고 나중에 임무를 할 때 더 나은 방법을 찾을 수 있거든요.

8

오후 동안은 신고 전화가 없었어요. 곧 집에 갈 시간이에요! 아까 구조했던 가족이 집에 안전하게 도착했다는 소식을 들었어요. 오늘은 기분 좋게 퇴근할 수 있겠네요.

일의 장점과 단점

장점: 위험에 처한 사람을 구조하는 일은 보람 있어요.

단점: 때로 구조하는 데 오랜 시간이 걸리기도 하고, 안타까운 소식을 마주해야 할 때도 있어요.

선박 기관사

어린 시절부터 기계가 좋았어요. 아버지가 보트 엔진을 고칠 때마다 옆에서 돕고는 했죠. 저는 해양대학교를 졸업하고 지금은 화물선에서 기관사로 일해요. 배를 움직이는 엔진과 보일러, 각종 기계 장치가 잘 작동하도록 조작하고 관리하는 일을 하죠.

어린 시절 수학과 과학을 좋아했어요. 그런 부분이 이 직업을 갖는 데 도움이 되었죠. 선박 기관사는 선박의 구조와 각종 기계 장치들의 작동 방식을 잘 알아야 해요. 꼼꼼하게 기계를 관리하고 냉철하게 문제를 해결할 줄 알아야 하죠.

1 여느 때처럼 기관실에서 하루를 시작해요. 무언가 새는 곳이 없는지, 다른 문제가 생긴 곳은 없는지 동료와 함께 기계를 점검해요. 나쁜 냄새, 이상한 소리, 새는 기름은 기계를 고쳐야 할 필요가 있다는 신호예요.

2 기계를 다 점검하고, 기관제어실로 가서 기계들을 지켜봐요. 그곳에 있는 네 시간 동안 정신을 바짝 차려야 해요. 만일 뭔가 잘못되면 신속하게 동료들에게 알리고 수리를 시작해야 해요.

3 다음 임무는 배에 연료를 주입하는 일을 돕는 거예요. 선박의 엔진을 가동하려면 연료가 필요해요. 항구에 배를 대고 연료 바지선에서 우리 배로 호스를 연결해요. 연료를 주입하는 데는 아홉 시간 정도 걸려서, 항구 마을을 돌아보며 잠시 쉬어요. 저는 새로운 곳에 가면 그 지역의 음식을 먹어 보는 걸 좋아해요.

4 배로 돌아와서 선박에 필요한 부품과 도구 목록을 작성한 후 퇴근해요. 선원들 몇이랑 어울려 놀다가, 제 선실로 가서 잠을 자요.

일의 장점과 단점

장점: 제가 가진 지식과 기술을 사용해서 일하고, 여러 나라를 여행하는 게 좋아요.

단점: 종종 몇 달씩 항해를 하는데, 그럴 때면 가족과 친구들이 그리워요.

요트 강사

여덟 살 때 동네 요트 동호회에서 배 타는 걸 배웠어요. 연습을 많이 해서 실력을 쌓았고 자신감이 생겨서 경주에도 참가했지요. 열여섯 살 때는 자원봉사로 요트 타는 법을 가르쳤어요. 지금은 요트 강사가 되었고, 이 일이 정말 재미있어요.

건강 관리와 수영 실력은 강사에게 중요해요. 요트 타는 사람도 마찬가지죠. 저는 다양한 연령대의 사람들에게 작은 요트부터 큰 요트까지 여러 종류의 배를 운전하는 법을 가르쳐요.

1
오늘 저는 아이들에게 요트 타는 법을 가르칠 거예요. 먼저 아이들이 구명조끼 입는 걸 도와줘요. 그리고 햇빛을 막아 줄 모자도 쓰라고 했어요.

2
아이들에게 돛이 달린 작은 요트를 하나씩 나눠 주고, 배의 각 부분과 안전하게 요트 타는 법을 가르쳐 줘요. 그다음 돛을 배에 고정시키고 물가까지 옮겨요.

3
물에 요트를 띄워요. 저도 아이들 곁에서 제 요트를 타요. 요트의 방향을 바꾸는 레버를 사용하는 법을 연습하고, 밧줄을 조였다 풀었다 하며 돛을 조작하는 연습을 해요. 아이들이 잘 따라 하네요.

4
점심을 먹은 뒤, 요트를 물 밖으로 꺼내 돛을 내리고 보관하는 법을 알려 줬어요. 다들 정말 열심히 배우고 재미있어했어요. 아이들에게 선원 배지를 선물하며 칭찬을 하고 수업을 마무리했어요.

일의 장점과 단점

장점: 학생들이 즐겁게 요트를 타는 모습을 보는 것!

단점: 바람이 너무 세거나 약하면 요트를 탈 수 없어요.

토목 기사

저는 도로와 다리, 공원, 기차역에 이르기까지 주변에서 볼 수 있는 온갖 종류의 구조물을 설계하고 건설하는 것을 도와요. 학교 다닐 때 수학과 디자인에 늘 흥미를 느꼈고, 대학에 가서 토목 공학을 공부하기로 마음먹었어요. 지금 저는 토목 기사로 일해요.

제 일은 아주 다양해요. 사무실에서 일할 때는 주로 토목 공사 계획을 세우고 관리하는 일을 해요. 나머지 시간은 야외에서 보내는데, 새로운 시설물을 만들 땅과 프로젝트 진행 상황을 확인해요.

1
사무실에서 하루를 시작해요. 고속도로 위에 새로운 다리를 건설하는 프로젝트를 진행 중이라서, 건축 팀을 만났어요. 그들은 다리 디자인과 설계를 맡고 있어요. 지금까지 작업한 다리 설계도를 봤는데, 멋졌어요.

2
제 일은 다리의 건설 방법과 안전 여부, 건설 재료 등을 검토하는 거예요. 컴퓨터 프로그램을 이용해서, 강풍과 폭풍이 몰아칠 때 다리가 무너지지 않고 확실히 버텨 낼 수 있는지도 확인해야 해요.

3
다른 프로젝트를 진행하고 있는 공사 현장에 도착했어요. 그곳에서는 강 위에 새로운 다리를 만들고 있어요. 현장 담당자를 만나 공사가 순조롭게 잘 진행되고 있는지 확인해요. 현장 곳곳도 꼼꼼히 살펴보고요.

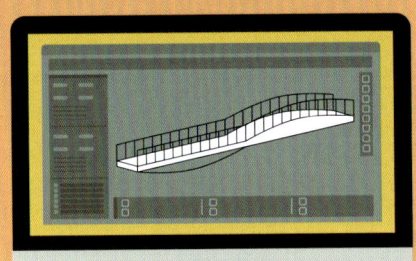

4

점심을 먹고 난 뒤, 새로운 공원을 만들 예정인 지역을 방문해요. 그 지역의 담당 공무원을 만나 회의를 해요. 그는 그 땅이 공원을 짓기에 알맞은 장소인지 검토하고 있어요. 저는 공원이 만들어지면 도시에 보탬이 될 거라고 생각해요. 공사를 허가해 주기를 바라고 있죠.

5

회의가 끝나고 사무실로 돌아와 공원 건설 계획을 대략적으로 세워요. 공사에 필요한 전체 비용을 계산하고, 너무 많은 비용이 들지 않게 조정하는 일도 해요.

6

오늘의 마지막 일은 도시 철도 선로의 한 구역을 점검하는 거예요. 저는 새 구조물을 만드는 일뿐만 아니라, 만들어진 구조물을 관리하는 일도 해요. 선로에서 몇 가지 문제점을 발견해서 수리할 동안 그곳을 폐쇄하기로 했어요. 사람들의 안전이 무엇보다 중요하니까요.

토목 공사에는 어떤 게 있나요?

❶ 다리 등의 구조물 공사
❷ 도로, 철도, 터널 등 운송 관련 공사
❸ 상하수도, 댐, 쓰레기 처리 등 환경 관련 공사
❹ 건물의 지하 등 토대 공사
❺ 항만, 공항 등 도시 관련 공사

일의 장점과 단점

장점: 사람들이 오랫동안 사용할 다리나 건물을 짓는 것은 보람 있고 기분 좋은 일이에요.

단점: 큰 실수를 하면 프로젝트를 다시 진행해야 하기 때문에 비용이 많이 들 수 있어요. 다행히 이제껏 그런 일은 일어나지 않았답니다!

7

근무 시간이 끝났어요. 집으로 돌아가요. 저녁 시간은 보통 음악을 들으면서 모형을 조립하며 여유롭게 보내요. 오늘은 비행기 모형을 조립할 거예요.

식물학자

식물에 대한 저의 사랑은 다양한 식물을 길렀던 우리 집 정원에서 시작되었어요. 언제나 식물이 매력적이라고 생각해 왔죠. 지금 저는 식물학자가 되어 대학에서 연구를 하고 있어요. 학생들을 가르치고, 연구하고, 새롭고 흥미로운 식물들을 찾아 세계를 여행해요. 제가 꿈꾸던 직업이죠!

식물학자는 식물을 연구하는 과학자예요. 식물학자마다 다양한 분야를 연구하죠. 저는 새로운 식물 종에 대해 연구하고자 식물들을 수집해요. 또 다른 식물학자들은 약을 만들 식물을 찾거나 식물이 환경 오염에 어떤 영향을 받는지를 연구하기도 해요.

1
이른 아침이에요. 연구원과 함께 대학교 근처에 있는 작은 무인도로 향하고 있어요. 직업상 저는 열대 숲이나 눈 덮인 삼림 지대 등 전 세계 어디든 갈 수 있어요. 하지만 오늘은 멀지 않은 곳에서 식물을 채집하기로 했죠.

2
섬에 도착했어요. 섬을 둘러본 뒤, 식물들을 작은 조각으로 잘라 채집했어요. 식물 조각은 야책(식물 표본을 만들기 위해 식물을 채집할 때 사용하는 간단한 도구) 안에 있는 종이 위에 조심스럽게 놓았어요. 이렇게 하면 식물이 손상되는 걸 막을 수 있어요. 식물을 발견한 곳을 확인할 수 있도록 꼬리표도 적었어요.

3
산딸기 열매나 나무껍질 조각처럼 눌러지지 않는 것들은 채집통에 담았어요. 아침 내내 열심히 일했죠. 덥고 피곤하고 벌레도 많지만 크게 상관하지 않아요. 멋진 식물들에게 둘러싸여 있을 때 정말 기분 좋거든요.

일의 장점과 단점

장점: 식물의 소중함과 자연 보호의 중요성을 사람들에게 알릴 수 있어요.

단점: 식물을 연구하기 위해 높은 산이나 덥고 벌레가 많은 지역에 가기도 해요. 몸이 좀 고단할 때가 있죠.

4
점심을 먹은 뒤, 주변을 살피다가 처음 보는 열매를 발견했어요. 대학 연구실에 돌아가 좀 더 자세히 조사해야겠어요. 그 열매가 어떤 특별한 성질을 가지고 있을지도 몰라요. 어떤 식물은 질병을 치료하는 데 도움을 주거든요. 어쩌면 제가 지금 새로운 치료 약을 발견했을 수도 있어요.

5
최대한 많은 표본을 수집한 뒤, 대학으로 돌아왔어요. 채집한 식물들은 식물 표본실로 가져가 보관해요. 많은 대학에 식물 표본실이 있고, 전 세계 과학자들이 그곳을 방문할 수 있어요. 우리가 수집한 흥미로운 새 표본들을 공유하게 되어 기뻐요.

6
연구실에서 오늘 채집한 식물들에 대한 보고서를 써요. 보고서를 작성하는 일은 제게 아주 중요한 일이에요. 연구 여행을 할 때면 여행을 가기 전과 여행 중에 그리고 여행을 마치고 나서도 보고서를 쓴답니다.

7
오늘의 마지막 일은 발표 준비를 하는 거예요. 내일 학생들에게 우리 팀 연구에 대한 강의를 할 거예요. 저는 종종 많은 사람들 앞에서 발표를 해야 하는데 그럴 때면 긴장이 돼요. 그래서 항상 확실히 준비하고 연습해요. 제 연구와 지식을 알리는 건 즐거운 일이기 때문에, 그런 긴장감은 큰 문제는 아니에요.

8
일과가 끝나서 집으로 돌아왔어요. 빨리 저녁을 먹고 싶어요. 오늘의 메뉴는 구운 채소와 과일 샐러드예요. 식물은 매력적이면서 맛있기도 하죠!

측량사

저는 항상 야외에서 일하고 싶었어요. 수학 공부를 좋아했고, 특히 사물을 측량하는 걸 좋아했죠! 저는 대학에서 지리학을 공부한 뒤, 조교로 일하면서 측량사가 되기 위한 공부를 했어요. 지금은 토지를 측량하고 자료를 모아 건축 프로젝트를 위한 지도 작성을 하는 회사에서 일하고 있어요.

저는 건설 관리자(20~21쪽), 토목 기사(38~39쪽), 지도 제작자(47쪽) 같은 다양한 전문가들과 함께 일해요. 이 점은 측량사란 직업의 매력 중 하나죠.

1 오늘 아침에는 동료와 함께 한 지역을 방문하려고 해요. 우리는 그 지역을 측량하고, 땅의 크기와 모양, 특징을 상세한 그림으로 그릴 거예요. 그 지역은 땅이 꽤 울퉁불퉁해서, 포장되지 않은 길을 달릴 때 타는 차로 이동해요.

2 현장에 도착해서 '위성 위치 확인 시스템(GPS)' 장비를 설치해요. 이 장비는 우주의 위성과 연결되어 있어서 정확한 위치와 거리, 면적, 지형의 높낮이 등을 알려 줘요. 우리는 그 정보를 수집하고 기록해요. 나중에 이 자료를 이용해서 지도를 만들 거예요.

4 집에 갈 시간이에요. 퇴근하기 전에 내일 스케줄을 살펴봐요. 새로운 경기장을 만들 부지를 측량해야 하네요. 이 직업은 매일 똑같은 일을 하지 않아서 재밌어요!

일의 장점과 단점

장점: GPS 시스템이나 드론 같은 최신 과학 기술을 이용하는 게 좋아요.

단점: 가끔은 가파른 절벽이나 진흙투성이 수로 같은 불편한 곳에 가기도 해요.

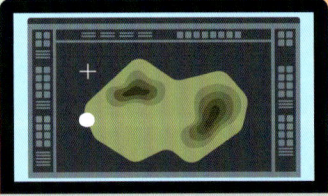

3 측량을 마치고, 점심을 먹으러 사무실로 돌아왔어요. 점심을 먹은 다음에는 수집한 자료를 내려받고, 컴퓨터 프로그램을 이용해 지도 그리는 일을 해요. 이 일이 끝나면 측량을 요청했던 건설 회사에 지도를 전달할 거예요.

외선전기공

어렸을 때 외선전기공이 높은 전봇대에 올라가 일하는 모습을 봤어요. 무척 흥미로워 보여서 그 일을 하고 싶었죠. 지금 저는 꿈을 이뤘어요. 외선전기공이 되어 각각의 집으로 전기가 흘러가는 것을 도와주지요. 주로 밖에서 일하는데, 전선로를 설치하고 관리하고 정전과 같은 비상사태에 대처하는 일을 해요. 이 직업은 몸이 건강해야 하고, 높은 곳에서도 일할 수 있어야 해요.

학교를 졸업한 뒤 전력 회사의 수습생이 되었어요. 장비를 다루는 법, 전봇대에 안전하게 올라가는 법 등 여러 기술을 배우고 몸으로 익혔어요. 위험한 일이라 안전 수칙을 잘 지키면서 일하는 훈련을 받았죠.

1
새벽 3시 반, 전화벨 소리에 잠에서 깼어요. 저는 집에서도 항상 대기 중이에요. 언제라도 비상 상황이 생기면 문제를 해결하러 가야 하죠. 밤에 눈보라가 심하게 치더니 마을 일부에 전기가 끊겼대요.

2
현장에 가 보니 나뭇가지가 전깃줄에 걸려 있었어요. 저는 다른 기술자들을 만나 함께 일해요. 먼저 그 구역의 주 전원이 꺼져 있는지를 확인해요. 전류가 흐르는 전깃줄 근처에서 작업하면 위험하거든요. 항상 안전이 최우선이죠! 리프트를 타고 올라가 전선에 떨어진 나뭇가지를 제거해요.

일의 장점과 단점

장점: 사람들이 전기를 쓸 수 있게 도와줘요. 또 높은 곳에서 멋진 전망을 볼 수 있죠.

단점: 비상 상황이 생기면 중요한 가족 행사를 포기하고 일을 하러 가기도 해요.

3
아직 일이 끝나지 않았어요. 전봇대에 부품이 손상되어 교체해야 해요. 그런데 위치가 애매해서 리프트를 타고 올라갈 수 없어, 전봇대 꼭대기까지 기어 올라가 부품을 교체했어요. 바람이 많이 불지만, 안전벨트를 차고 있어서 안전했어요.

4
마침내 전원이 켜졌어요! 어느새 아침이 됐네요. 동료들과 식당에 가서 아침을 먹고, 좀 더 잠을 자려고 집으로 갔어요.

내게 가장 어울리는 직업은?

직업이 많아서 고르기 힘든가요? 내 성격과 소질, 흥미를 생각해 보고 직업을 찬찬히 골라 보세요.

- 식물학자
- 지질학자
- 고생물학자
- 생태학자
- 해양생물학자

과학을 잘해요

배우고 탐구하는 것을 좋아한다면 이런 직업이 잘 맞을 거예요.

- 조경사
- 소방관
- 수상인명구조요원

협동 작업을 잘해요

여러 사람과 협력하며 일하는 것을 좋아한다면 이런 직업이 어울려요.

무엇을 잘하나요?

- 삼림 감독관
- 수색 구조 조정관

계획을 잘 세워요

꼼꼼하고 체계적으로 계획을 세우고 행동하는 걸 좋아한다면 이런 직업이 맞을 거예요.

- 건설 관리자

- 화훼 농원 관리자
- 레포츠 가이드
- 캠핑장 관리자

사람들과 잘 어울려요

다른 사람의 말을 잘 이해하고 소통하는 것이 이 직업에서 중요해요.

기계를 잘 다루고 손재주가 좋아요

- 농부
- 토목 기사
- 선박 기관사
- 측량사

성격은 어때요?

돌보는 것을 좋아해요
- 수상인명구조요원
- 삼림 감독관
- 수색 구조 조정관

자신감이 있어요
- 외선전기공
- 레포츠 가이드
- 소방관
- 국립공원 경비원

결정을 잘 내리고 사람들을 격려하고 힘을 주는 편이라면, 이런 직업이 잘 맞을 거예요.

호기심이 많아요
- 여행 작가
- 지질학자

주변 세상에 관심이 많은 사람들에게 잘 맞는 직업이에요.

인내심이 많아요
- 서핑 강사
- 요트 강사
- 스키 강사

사람들을 가르치려면 인내심이 필요해요.

관심사와 목표는 무엇인가요?

여행
- 해양생물학자
- 고생물학자
- 여행 작가
- 선박 기관사

모험을 하고 싶나요? 이 직업들을 가진다면 세상 곳곳을 여행할 수 있을 거예요.

자연 보호
- 식물학자
- 생태학자
- 국립공원 경비원
- 자연보호구역 경찰관

자연에 관심이 많나요? 자연을 위해 일할 수 있는 직업은 많아요.

활동적인 일
- 조경사
- 스키 강사
- 서핑 강사

건강을 중요하게 생각하고 활동적인 일을 하고 싶다면 이런 직업이 어울릴 거예요.

또 다른 직업을 알고 싶나요?

지금까지 여러 직업들을 살펴봤지만 세상에는 더 많은 직업이 있답니다.
야외에서 일하는 또 다른 직업들을 소개할게요.

여행 사진 작가

사진과 여행을 좋아하는 사람들에게 이보다 완벽한 직업이 있을까요? 여행 사진 작가는 잡지사나 출판사 같은 회사에 고용되어 여러 장소들을 여행하고 사진을 찍을 수 있어요. 여행 사진 작가는 사진을 잘 찍어야 하고, 혼자 여행하는 것, 낯선 곳에서 자는 것, 아주 먼 여행에도 익숙해져야 해요.

나무 의사

나무 의사는 나무를 돌봐요. 나무를 심고 나무가 건강하도록 관리하며, 때로는 나무를 자르기도 해요. 이 일을 하려면 체력 관리를 잘해야 하고, 높은 곳에 올라갈 수도 있어야 해요. 이 일은 높은 곳에 오르고 위험한 장비를 사용하기도 해서, 장비 사용법을 잘 익히고 안전하게 일하는 훈련을 충분히 받아야 해요.

어부

어부는 물고기를 잡아요. 물고기를 잡기 위해 그물을 사용하죠. 육체적으로 힘이 많이 드는 일이라 강한 체력이 필요하고 부지런해야 해요. 원양 어선을 타는 어부들은 먼 바다로 나가 물고기를 잡아요. 여러 날 동안 바다에서 생활해야 하기 때문에 함께 일하는 사람들과 사이좋게 지낼 수 있어야 해요.

기상학자

기상학자는 바람, 구름, 비, 더위, 추위 등 대기 중에서 일어나는 현상을 연구해요. 기상학자는 주로 기상청이나 연구소에서 일해요. 기상청에서는 기상 상태를 관측하고 날씨를 예보하는 일을 해요. 텔레비전이나 인터넷을 통해 날씨 정보를 확인할 수 있는 건 기상청에서 자료를 제공하기 때문이에요. 어떤 기상학자들은 연구소에서 기후 변화나 자연재해 등을 연구해요.

지도 제작자

지도 제작자는 지도를 만들어요. 직접 밖에 나가 정보를 수집하기도 하고, 수집한 정보를 가지고 컴퓨터 프로그램을 이용해서 지도를 디자인하고 제작해요. 세세한 부분까지 볼 줄 아는 꼼꼼함을 가지고 있어야 하고 창의력도 필요하죠.

고고학자

고고학자는 유물과 유적을 통해 과거의 문화와 역사를 연구해요. 고고학자는 유적지를 찾고 유물을 발견하기 위해 여러 지역을 여행 다녀요. 유적지가 발견되면 특수 도구를 이용해 땅에 묻혀 있는 유물들을 파낸 다음, 그것을 연구하고 보고서를 작성하지요. 역사와 과학을 좋아하고, 옛사람들의 흔적을 찾아보고 싶은 사람이라면 이 직업이 잘 맞을 거예요.

체육 교사

체육 교사는 학생들에게 스포츠를 가르치고 함께 운동해야 하기 때문에, 운동을 좋아하고 체력이 좋아야 해요. 축구부터 체조까지 다양한 스포츠에 익숙해야 하고, 응급 처치와 인체에 대해서도 잘 알아야 하죠. 운동회 같은 스포츠 행사를 계획하고 진행하기도 해요.

47

글 캐런 브라운
영국 런던에 살고 있는 어린이 논픽션 편집자이자 작가입니다.
아이들에게 유익한 정보를 담은 책을 만들며, 늘 새로운 것을 배우고 있습니다.

그림 로베르토 블레파리
이탈리아 토리노에 살고 있는 일러스트레이터이자 시각디자이너입니다.
프리랜서 아티스트로 기업과 잡지사, 출판사 등과 다양한 작업을 하고 있습니다.

옮김 엄혜숙
대학에서 독일 문학과 한국 문학, 그림책과 아동 문학을 공부했습니다. 어린이책을 기획하고 쓰면서
외국의 좋은 어린이책을 우리말로 옮기고 있습니다. 지은 책으로 《나의 초록 스웨터》, 《야호, 우리가 해냈어!》 등이 있고,
옮긴 책으로 《깃털 없는 기러기 보르카》, 《개구리와 두꺼비는 친구》 등이 있습니다.

이런 직업 어때?
야외 활동이 좋다면 이런 직업!

글 캐런 브라운 | 그림 로베르토 블레파리 | 옮김 엄혜숙

초판 1쇄 펴낸날 2022년 11월 25일
편집장 한해숙 | **기획편집** 신경아 | **디자인** 최성수, 이이환 | **마케팅** 박영준, 한지훈 | **홍보** 정보영, 박소현 | **경영지원** 김효순
펴낸이 조은희 | **펴낸곳** ㈜한솔수북 | **출판등록** 제2013-000276호 | **주소** 03996 서울시 마포구 월드컵로 96 영훈빌딩 5층
전화 02-2001-5822(편집), 02-2001-5828(영업) | **전송** 0303-3440-0108 | **전자우편** isoobook@eduhansol.co.kr
블로그 blog.naver.com/hsoobook | **인스타그램** soobook2 | **페이스북** soobook2
ISBN 979-11-92686-08-0, 979-11-7028-719-3(세트)

That's a job? I like the outdoors ... what jobs are there?
Written by Carron Brown and Illustrated by Roberto Blefari
© 2020 Quarto Publishing plc
First published in the UK in 2020 by Ivy Kids, an imprint of The Quarto Group.
All rights reserved.
Korean language edition © 2022 by Hansol Soobook
Korean translation rights arranged with Quarto Publishing plc through Agency One Korea.

이 책의 한국어판 저작권은 Agency One Korea를 통한 Quarto Publishing plc와의 독점 계약으로 ㈜한솔수북에 있습니다.
저작권법에 의해 한국 내에서 보호를 받는 저작물이므로 무단 전재 및 복제를 금합니다.

어린이제품안전특별법에 의한 제품 표시
품명 도서 | **사용연령** 만 6세 이상 | **제조국** 대한민국 | **제조자명** ㈜한솔수북 | **제조년월** 2022년 11월

※ 값은 뒤표지에 있습니다.

큐알 코드를 찍어서
독자 참여 신청을 하시면
선물을 보내 드립니다.

한솔수북
한솔수북의 모든 책은
아이의 눈, 엄마의 마음으로 만듭니다.